Federico Federici

BIOPHYSIQUE ASÉMIQUE

LN
libri della neve

Image de couverture :
Matière vivante (digitale)

Tous droits réservés
© Federico Federici 2021
ISBN 9798768454739
http://federicofederici.net
http://leserpent.wordpress.com

libri della neve
CE LIVRE A ÉTÉ IMPRIMÉ SUR LA PLANÈTE TERRE

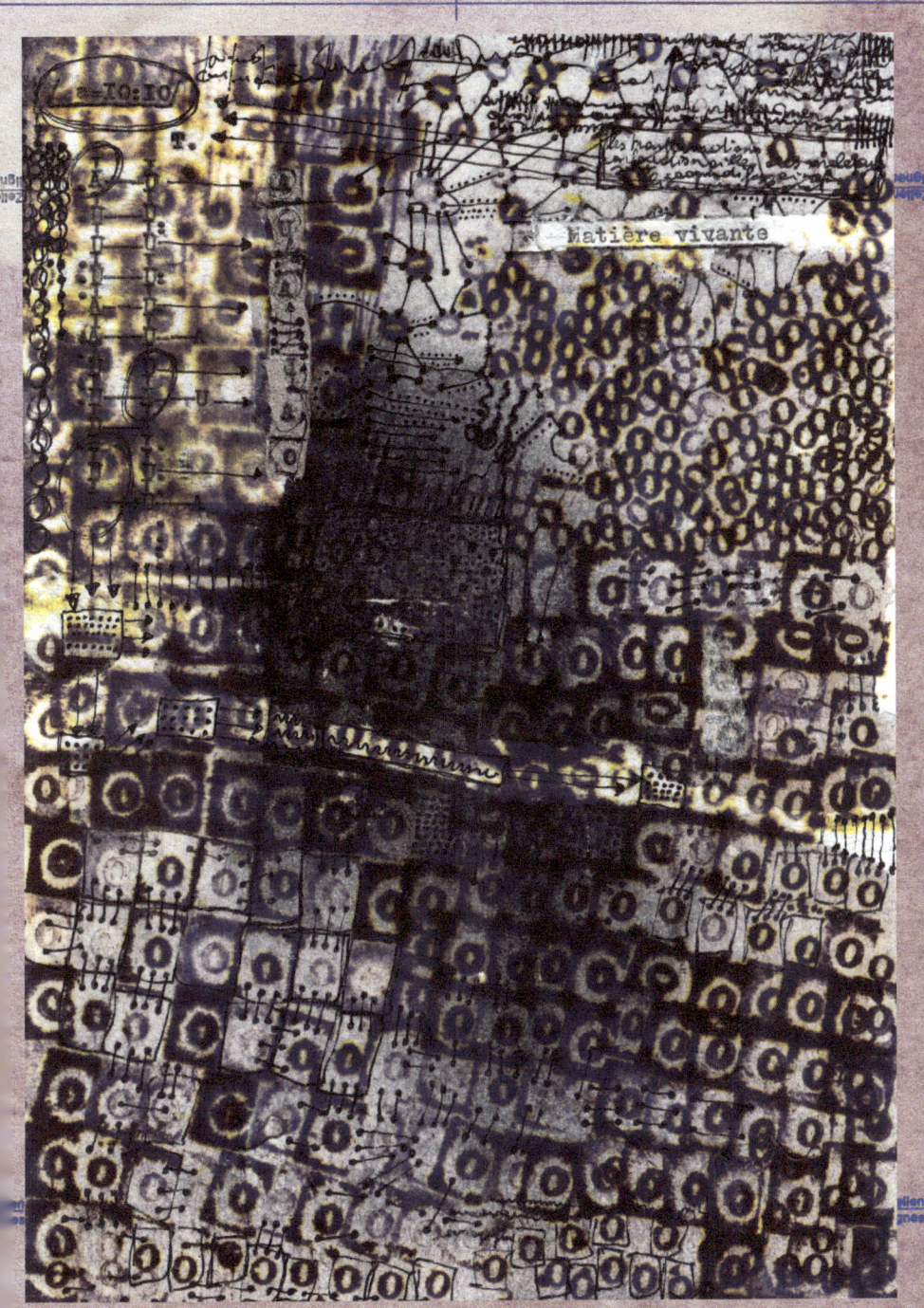

[Modèle coopératif.]

[Des mots quasi-identiques agissent de manière dépendante les uns avec les autres, par rapport à un système où les éléments individuels agiraient indépendamment les uns des autres.]

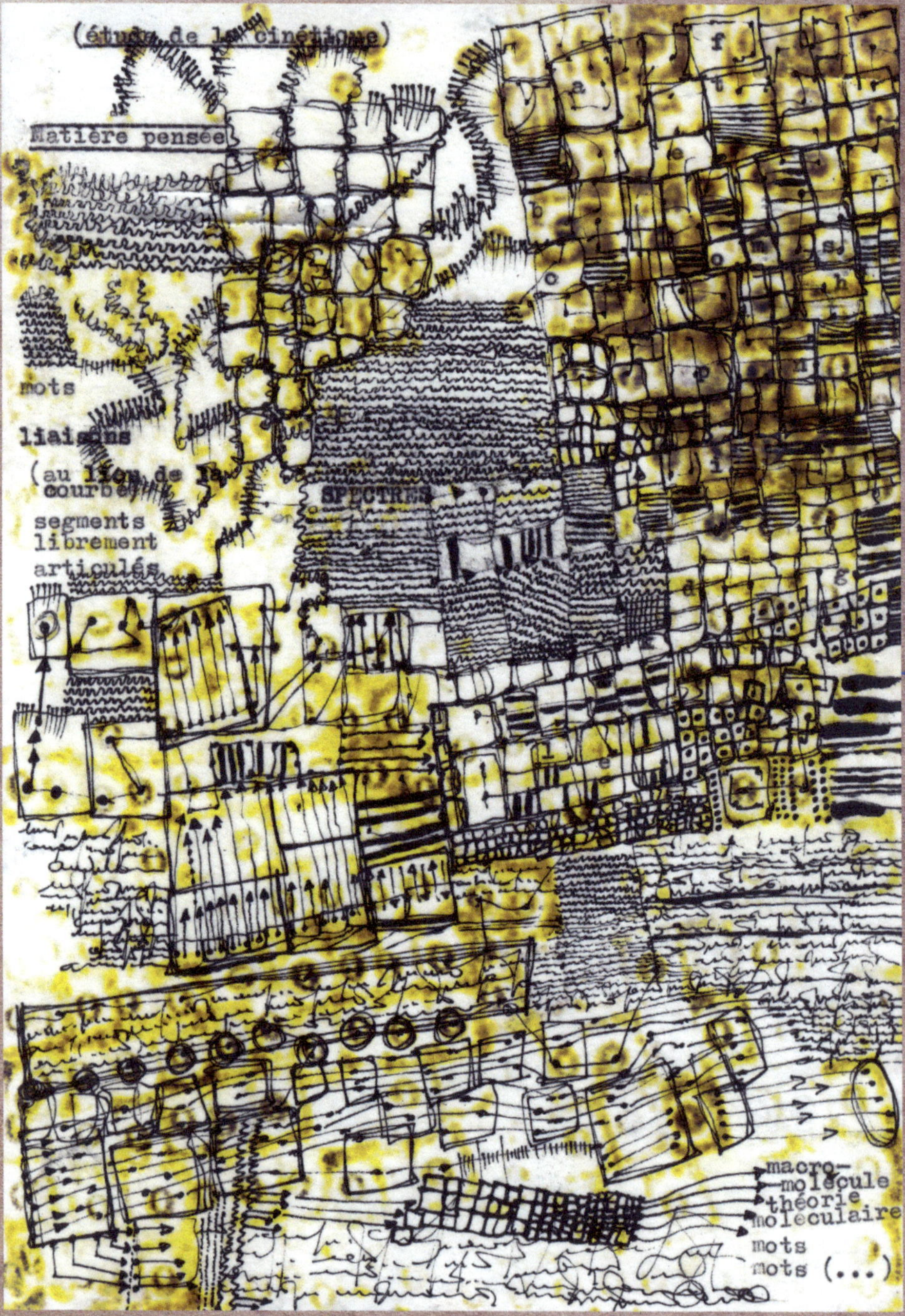

$T_{01} = LR_{00} \rightarrow R_{11} = K^2_0 - T_{11} - T_{12} - T_{13} - T_{14} [\ldots] - T_{1n} \bullet$
$F_0 = F_1 + S\uparrow\downarrow k^{-1} \rightarrow$ [la lumière provoque des changements réversibles]

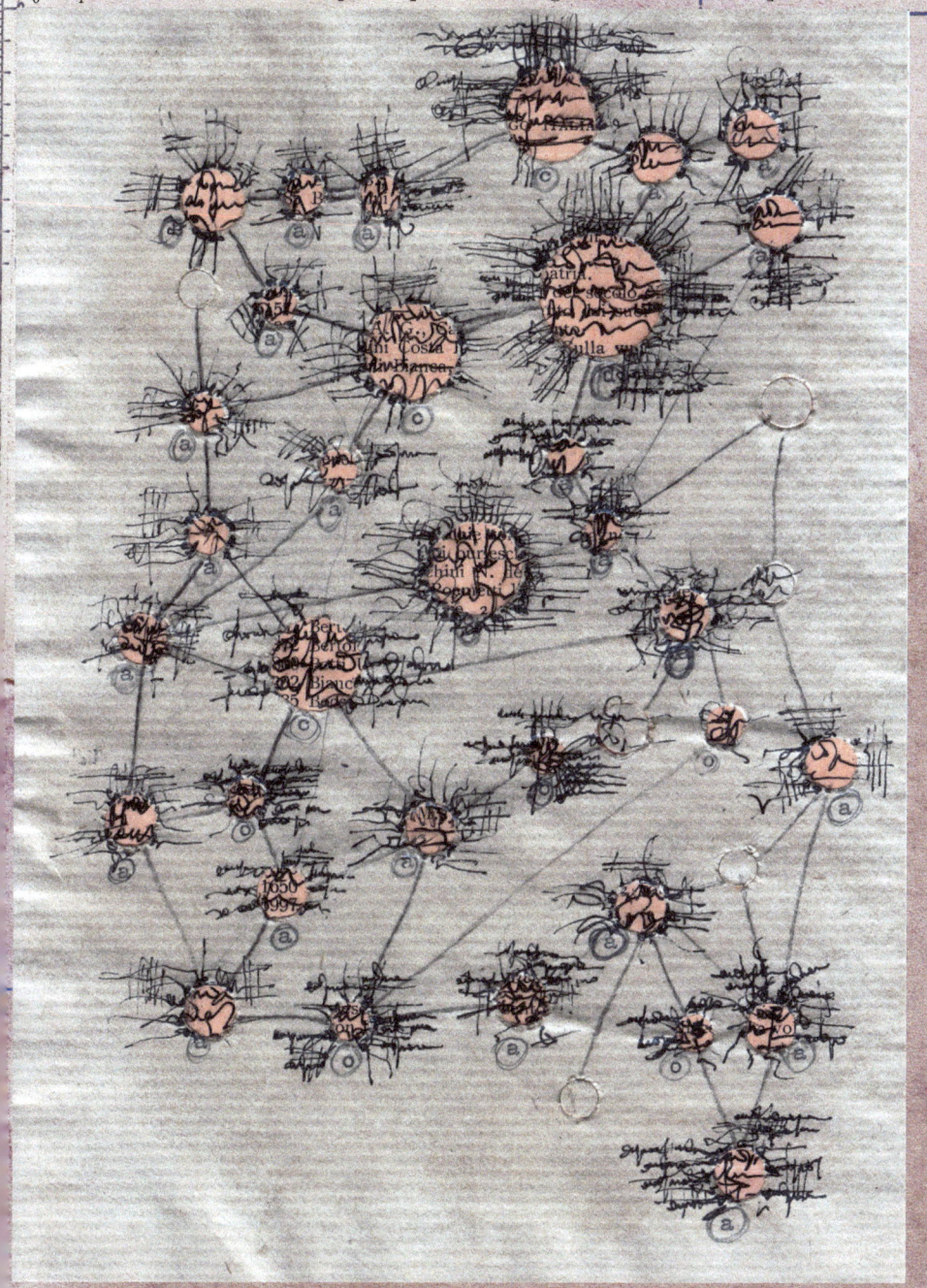

LA THÉORIE PHÉNOMÉNOLOGIQUE

Les systèmes vivants
se distinguent par
le caractère hautement
ordonné de leur structure
et de leur comportement
dans l'espace et dans
le temps.

On rencontre deux
types d'ordre:
ordre statique
ordre dynamique.

L'apparition de
l'ordre dynamique
est le résultat
de l'instabilité
des états équilibrés
et stationnaires
du système.

{ Cette condition
thermodynamique
est équivalente
à la condition
cinétique

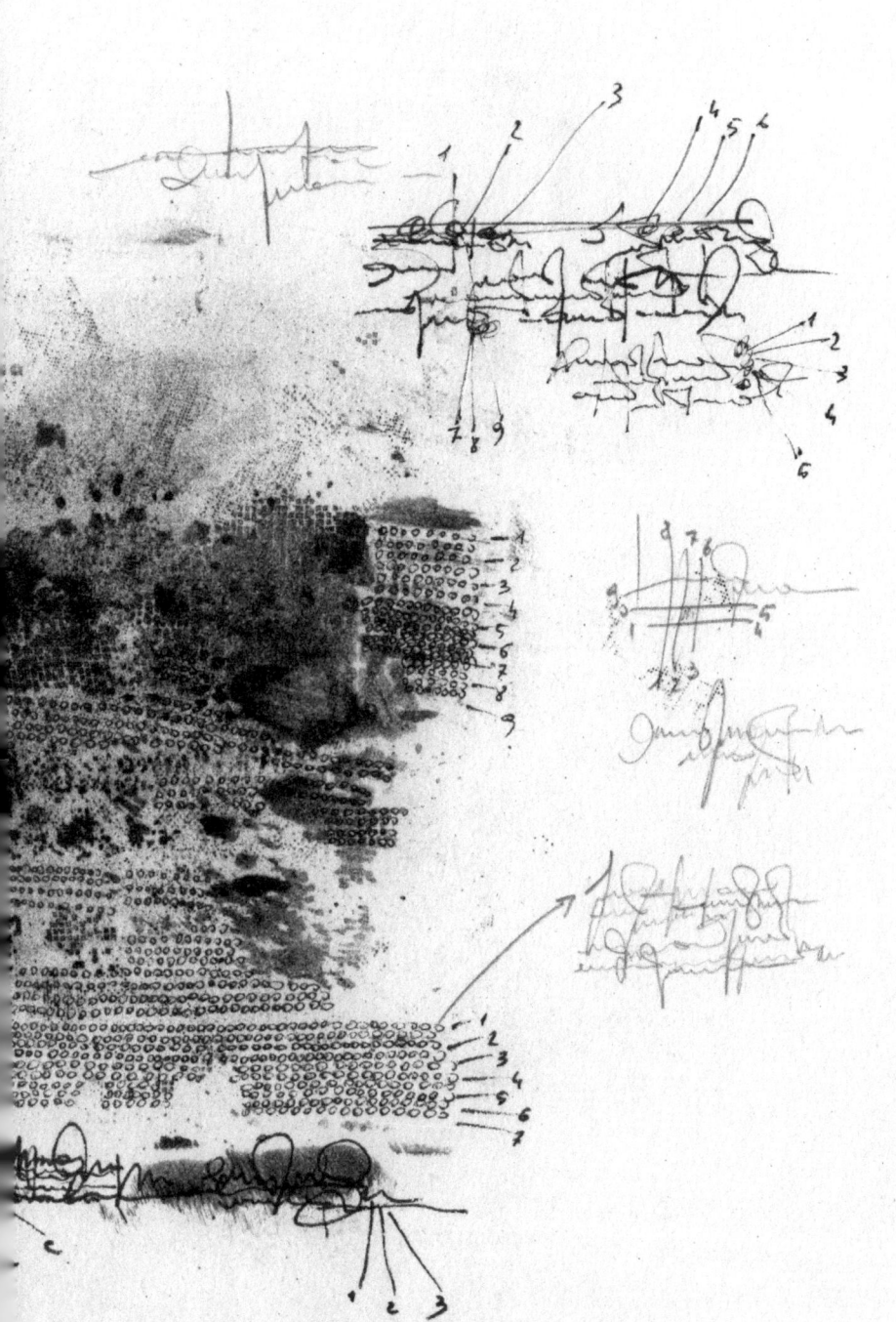

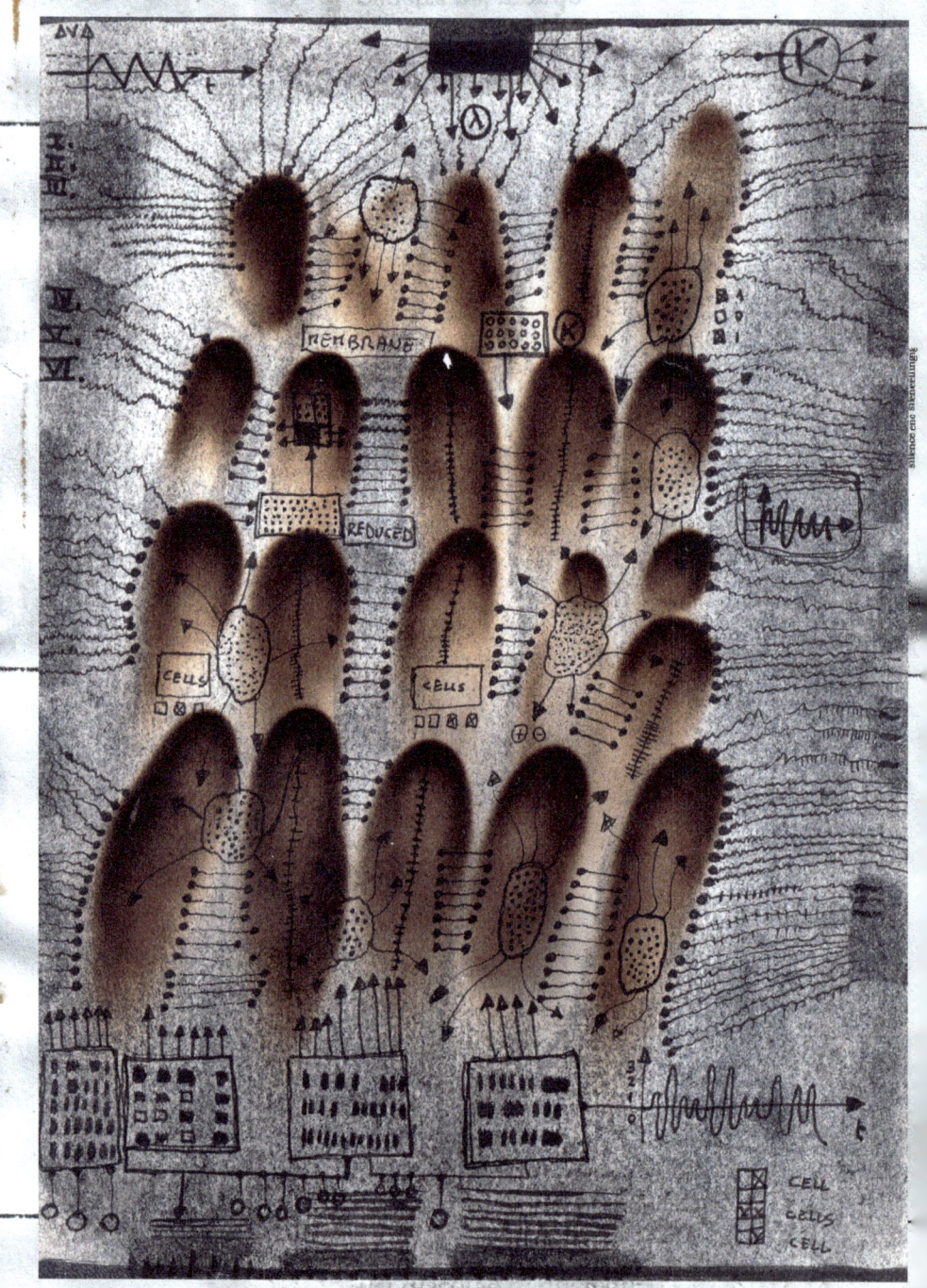

$$|K_1|=R_0 \backslash R_1 \to [T^1T]$$

- [La lumière provoque des changements dans le domaine des mots.]
- [Des phénomènes analogues ont lieu lors de la réception acoustique.]
- [Le mot n'est pas une chose facile à bien définir.]

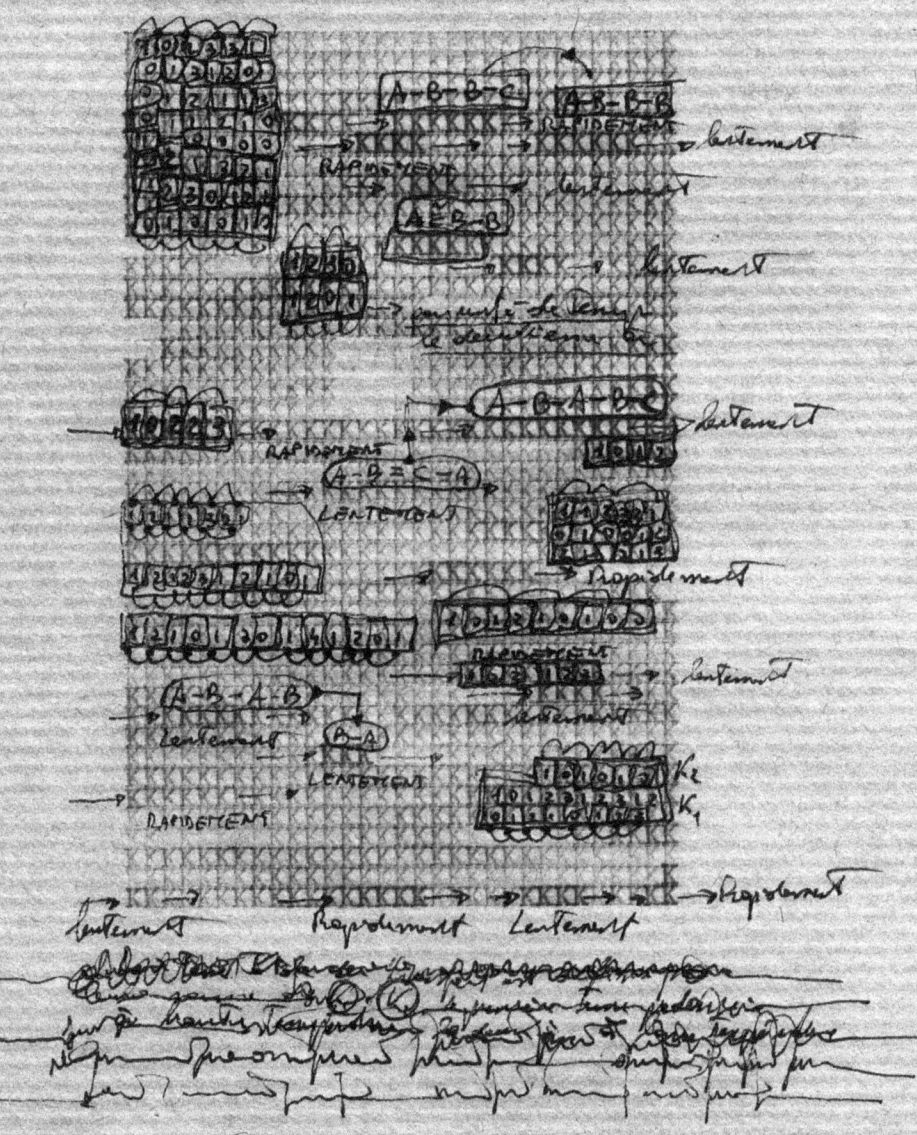

SOURCES POSSIBLES D'ÉNERGIE POUR L'ÉVOLUTION CHIMIQUE PRIMAIRE

- radiation solaire totale
- radiation ultraviolette à (300)-250 nm
- radiation ultraviolette à 250-200 nm
- radiation ultraviolette à 200-(150) nm
- radiation ultraviolette à <150 nm
- décharges électriques
  - en couronne
  - foudres
- radioactivité naturelle jusqu'à 1 km de profondeur
- ondes de choc et de pression dans l'atmosphère
- vent solaire
- chaleur volcanique
- rayons cosmiques

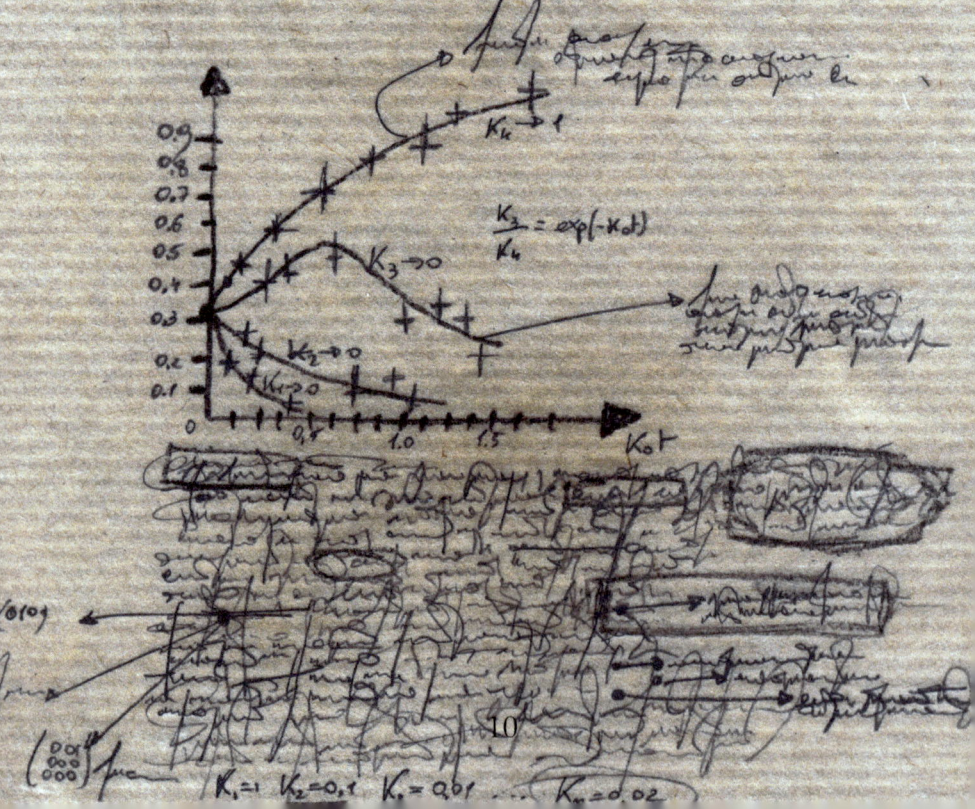

$\dfrac{K_3}{K_4} = \exp(-K_4 t)$

$K_1 = 1, \; K_2 = 0{,}1, \; K_3 = 0{,}01 \ldots K_4 = 0{,}02$

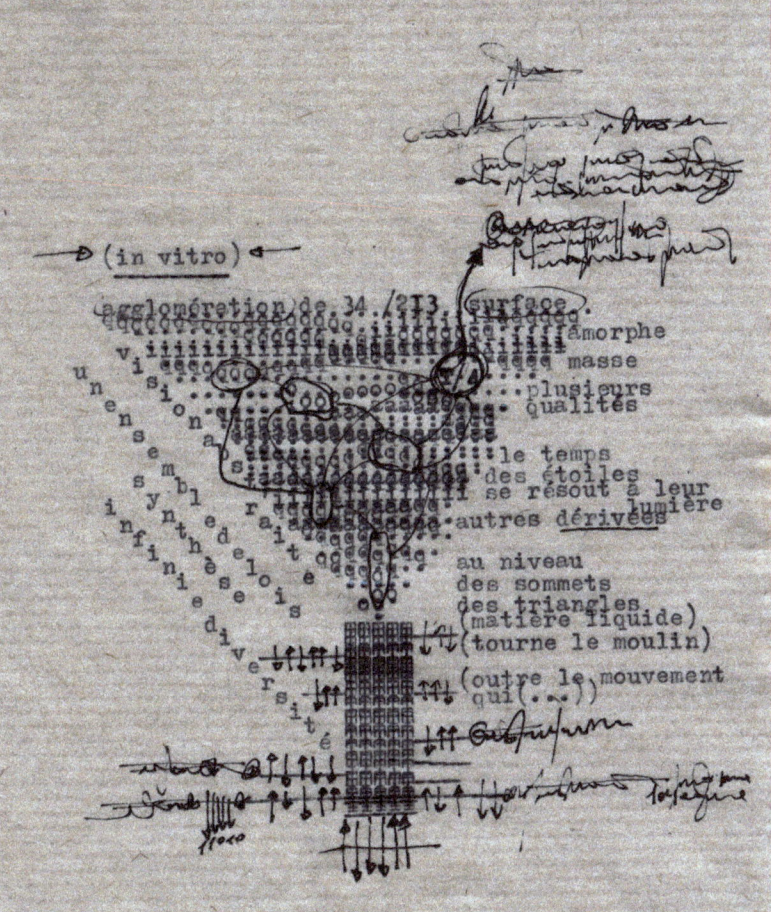

la lumière éclairait la lumière
l'eau éclairait l'eau
le silence éclairait le silence
(discerner certaines particularités
de leur structure intérieure)

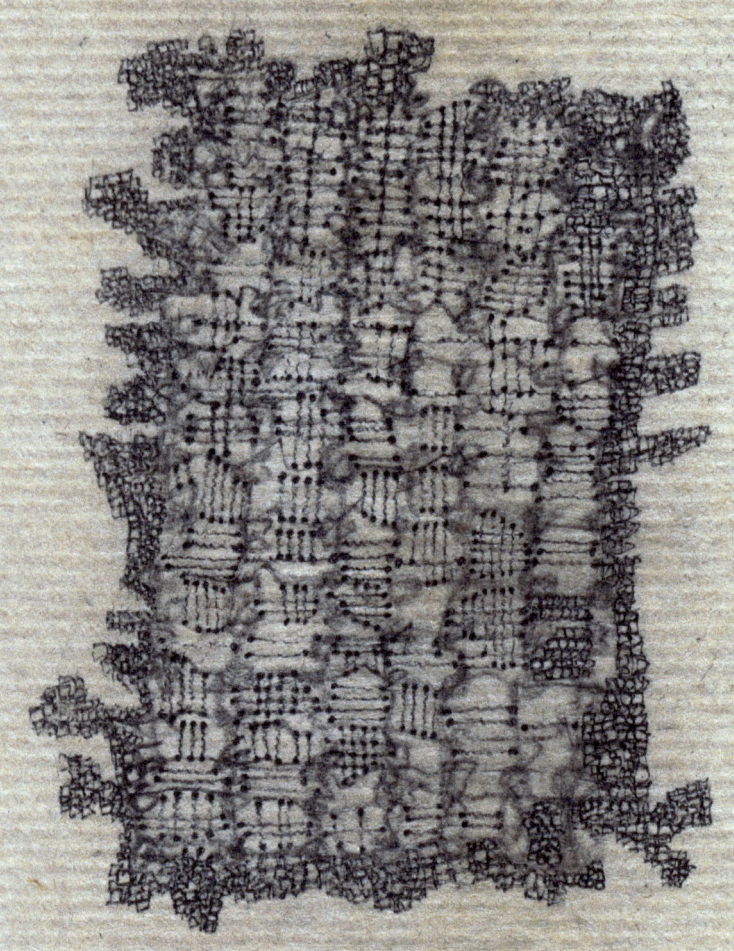

la physique consiste à établir de nouveaux rapports
entre des phénomènes éloignés les uns des autres

l'écriture consiste à établir de nouveaux rapports
entre des mots éloignés les uns des autres

la peinture consiste à établir de nouveaux rapports
entre des lignes éloignés les uns des autres

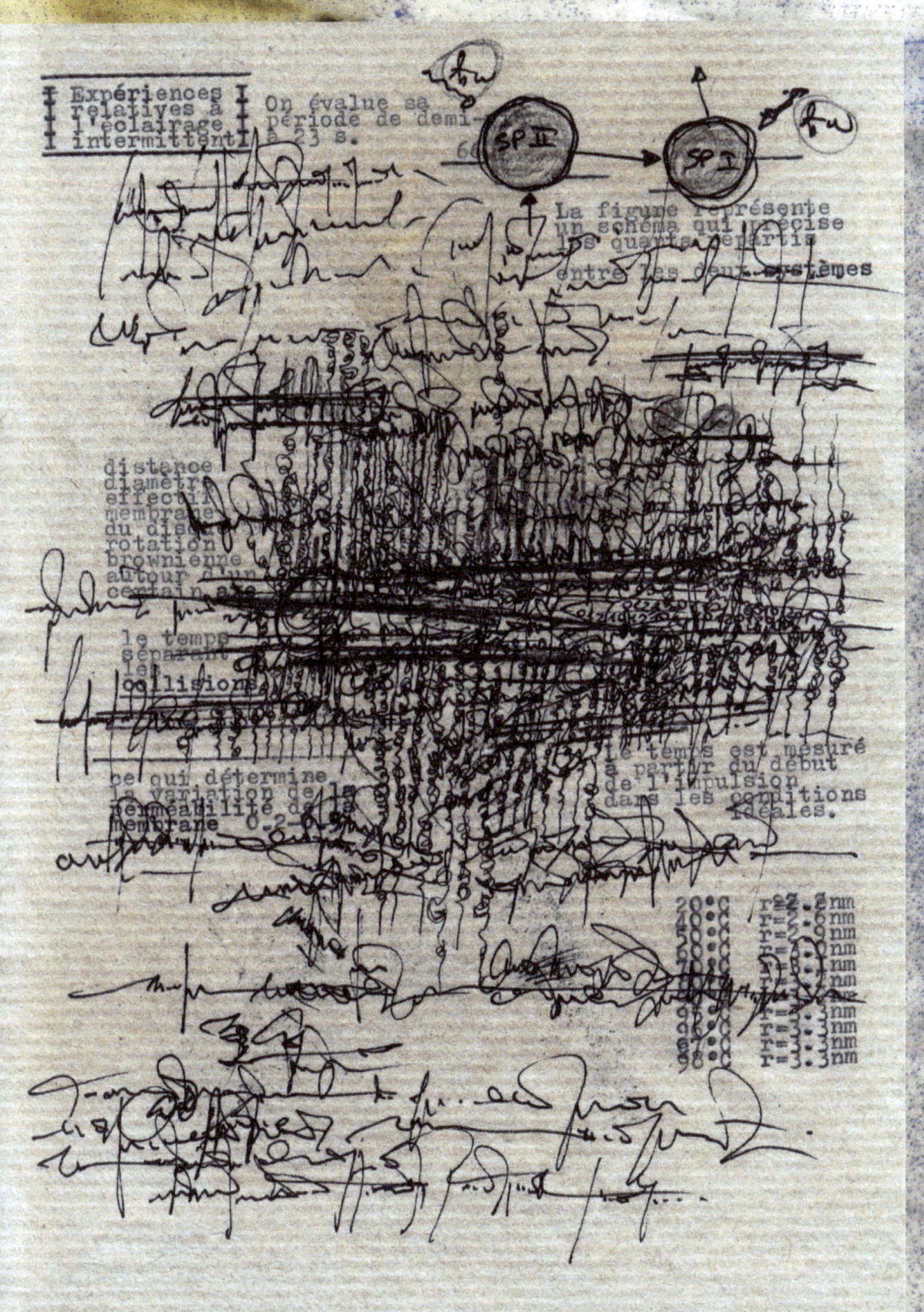

Les plus gros fragments
(des situations sont possibles)
à nos yeux, après l'anarchie des atomes,
des molécules pour la vibration normale
donnée. D'abord toutes les molécules se
dirigent en quelque sens: cette hypothèse
est séduisante.

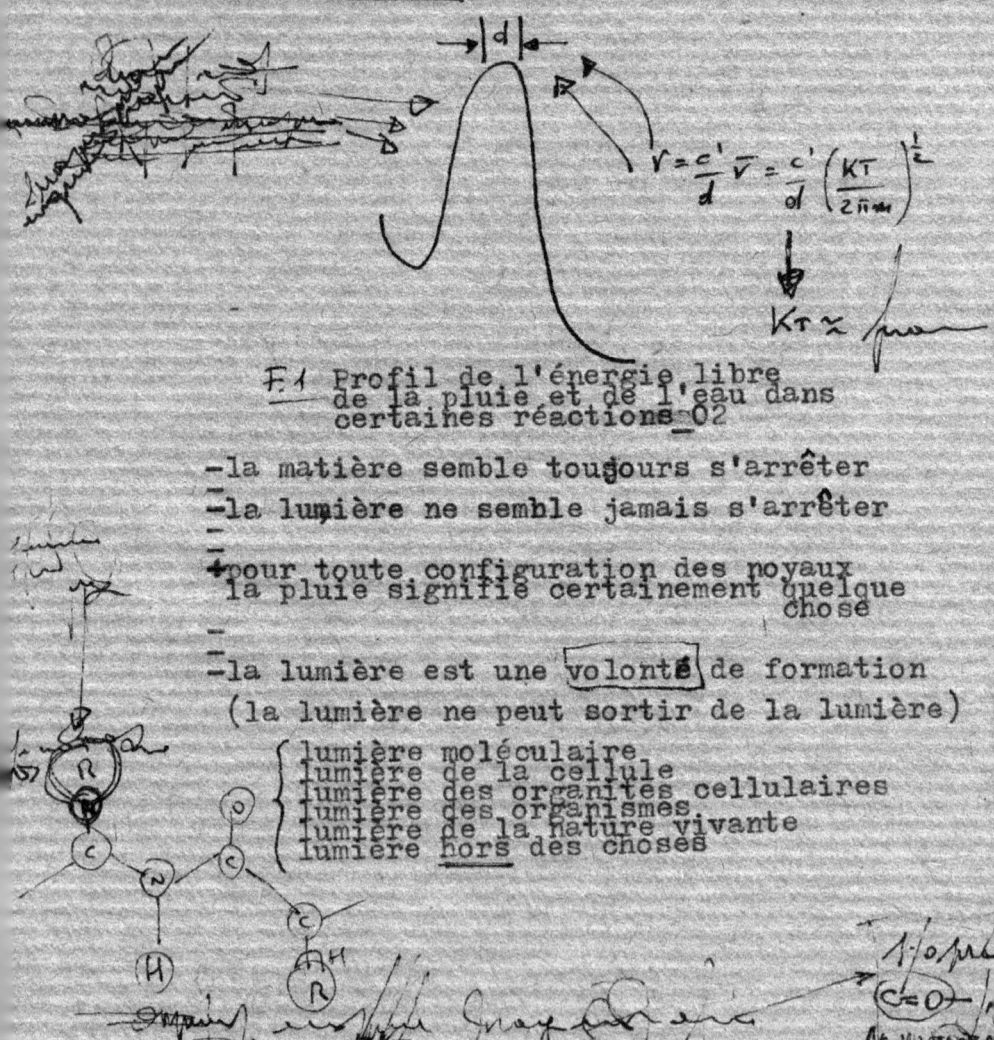

F.1 Profil de l'énergie libre
de la pluie et de l'eau dans
certaines réactions O2

- la matière semble toujours s'arrêter
- la lumière ne semble jamais s'arrêter

- pour toute configuration des noyaux
  la pluie signifie certainement quelque chose

- la lumière est une volonté de formation
  (la lumière ne peut sortir de la lumière)

  { lumière moléculaire
  { lumière de la cellule
  { lumière des organites cellulaires
  { lumière des organismes
  { lumière de la nature vivante
  { lumière hors des choses

0000000 → 0 → • [→] • [↑] • [↓] • → 1 → ?
[Un mot réticent règne à l'intérieur du silence.]

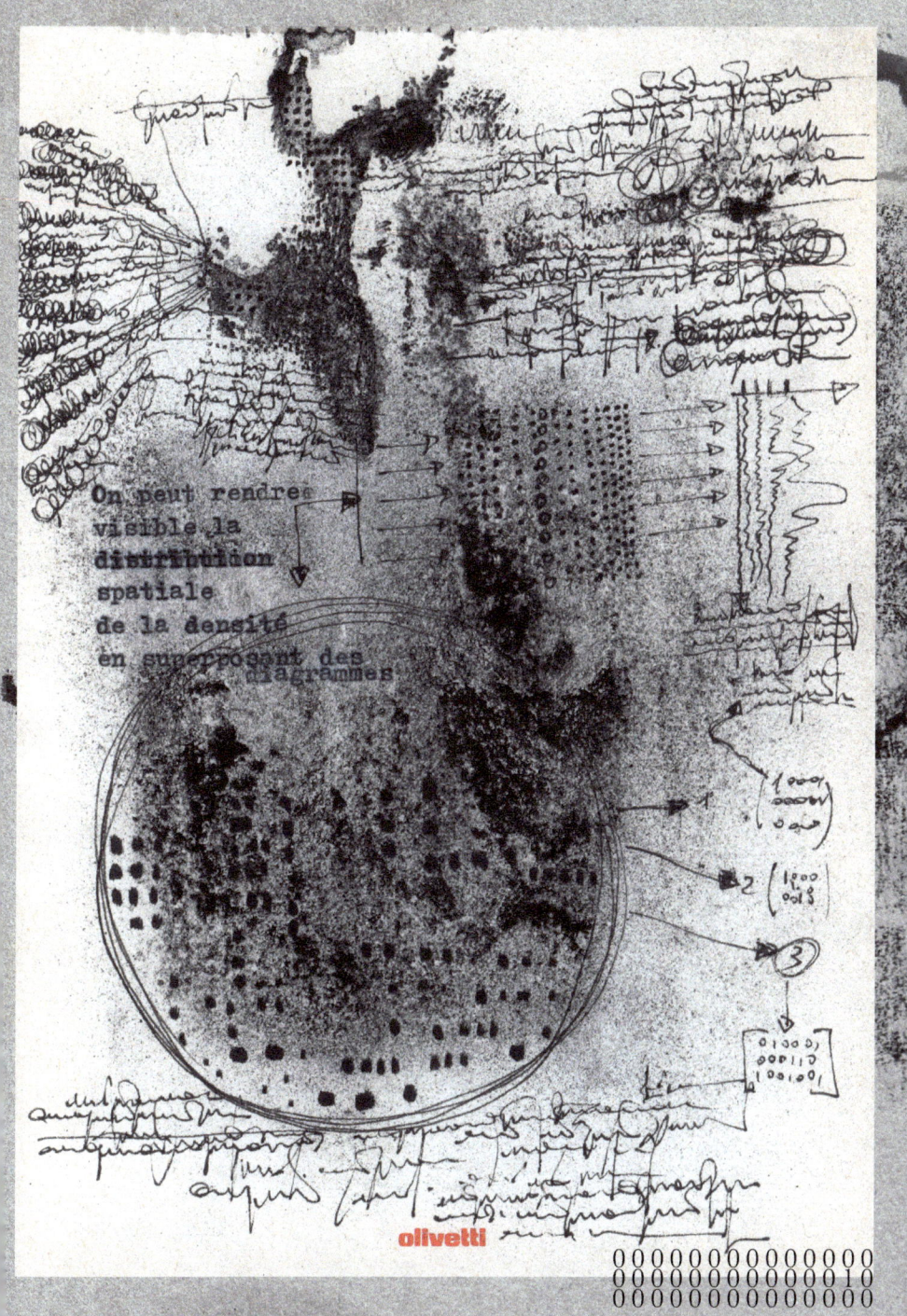

[La théorie rencontre des difficultés et suscite des controverses, indépendamment des résultats des études. L'écriture ne peut sortir des mots et adopte à cet égard des positions contradictoires.]

[..........................]
[Un ensemble de formules anonymes.]
|
[~~Vous avez le cœur dur comme une pierre.~~]
↓
[La pierre est dure comme un cœur.]
[...............]

(...aux petits angles)

La théorie permet de lier l'intensité
de la diffusion observée sous tels
ou tels angles aux distances entre les
particules diffusantes.

La lumière est d'une autre sorte.

Microphotographie électronique

hypothèse / texte protéique
décodage
décodage

les efforts patients d'une chaîne protéique

(Les liaisons des mots sont aussi stabilisées par l'environnement)

Des choses
n o u v e l l e s
viennent

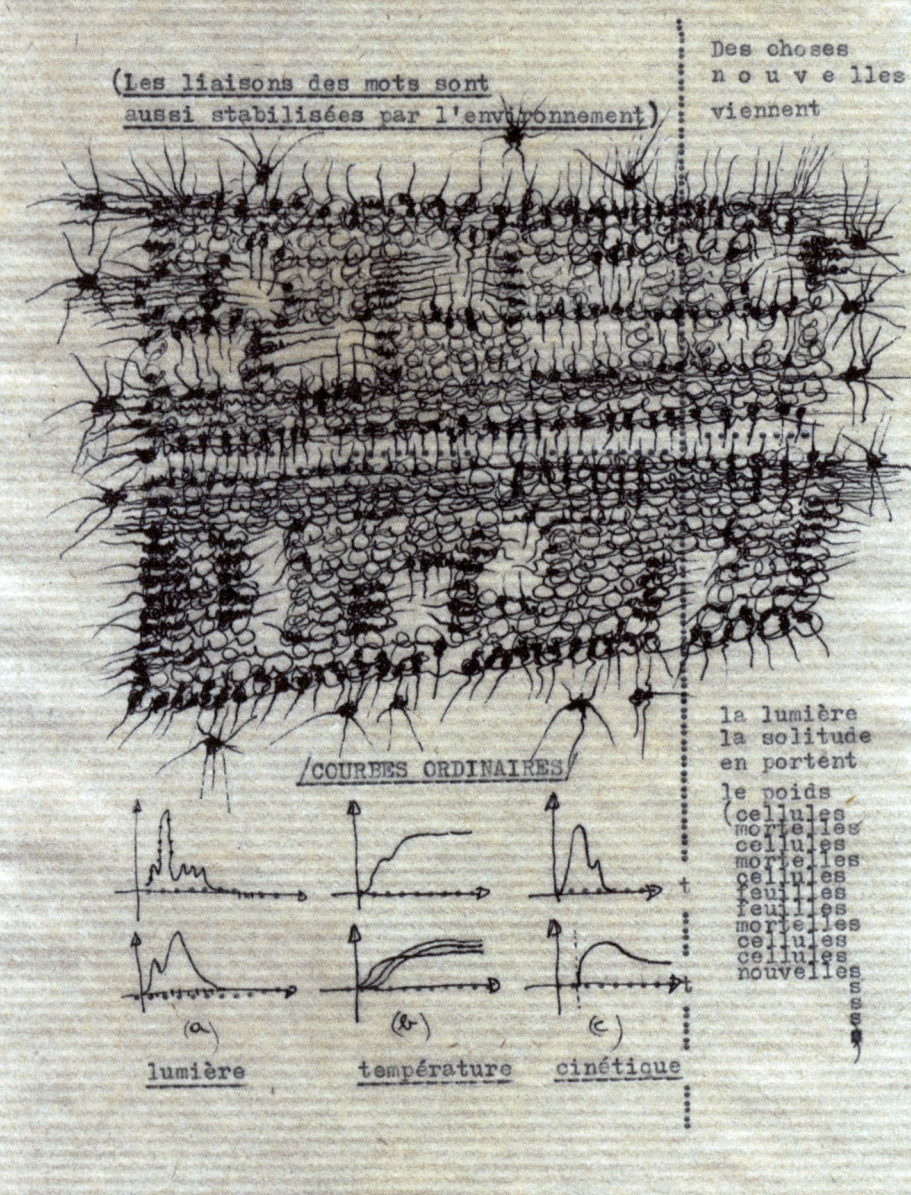

COURBES ORDINAIRES

(a) lumière   (b) température   (c) cinétique

la lumière
la solitude
en portent
le poids
(cellules
mortelles
cellules
mortelles
feuilles
feuilles
mortelles
cellules
cellules
nouvelles
sssss
)

L'invariant topologique est le paramètre qui caractérise la forme.
La forme est une analyse en acte.
La forme circulaire fermée.
Première et dernière forme.

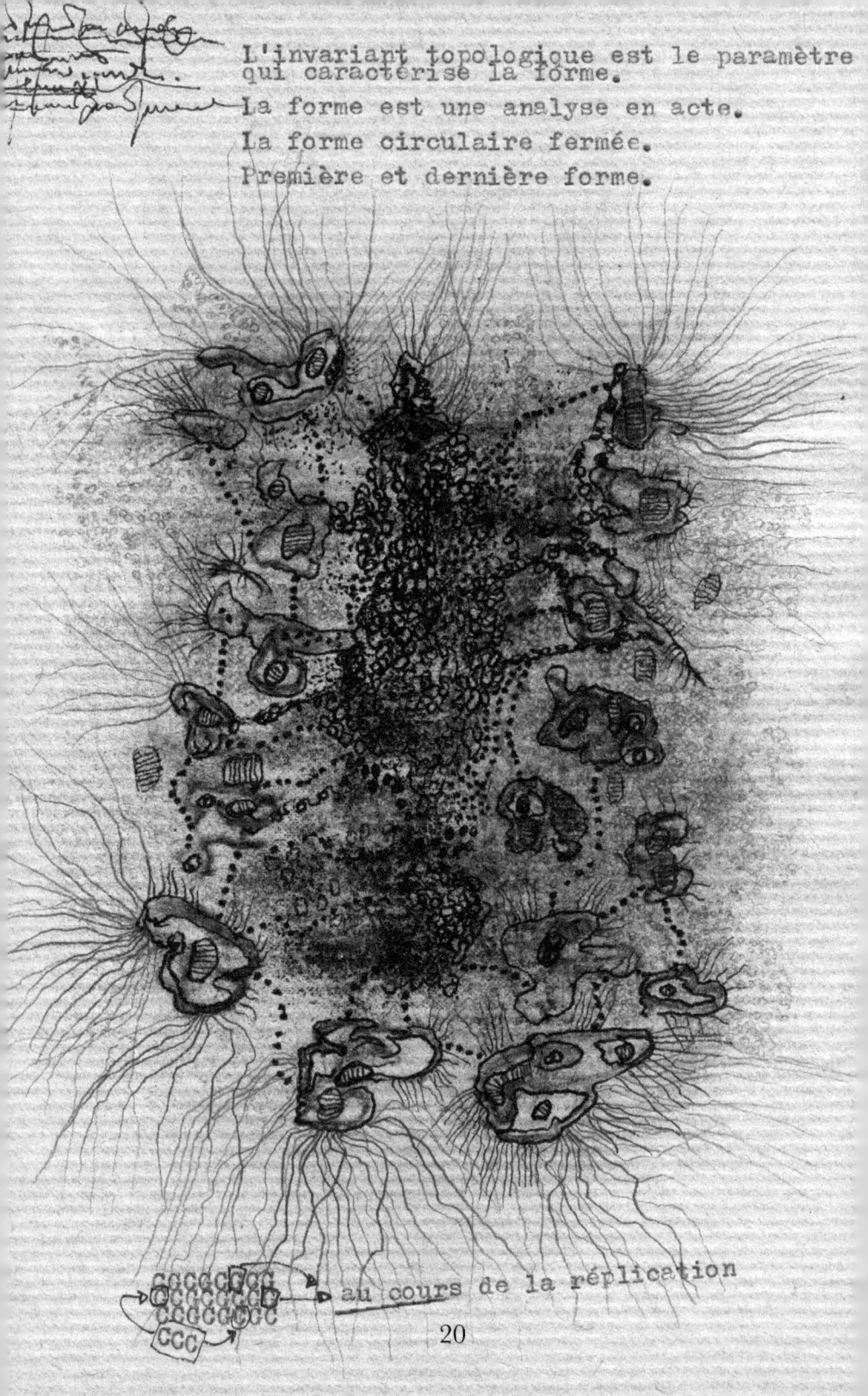

au cours de la réplication

[Je est un *autre*.]   [L'écriture est un *être*.]

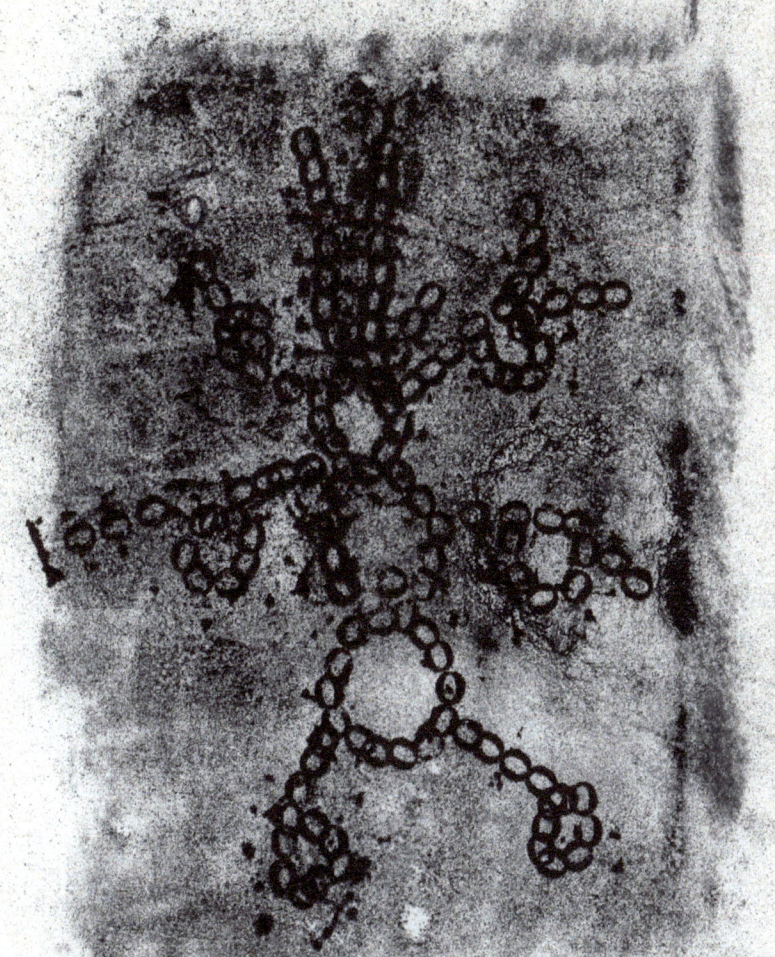

[Les mots sont imaginaires.]

[Les parties réelles des mots sont localisées en dehors du volume du texte.]

[Les choses sont des points singuliers.]

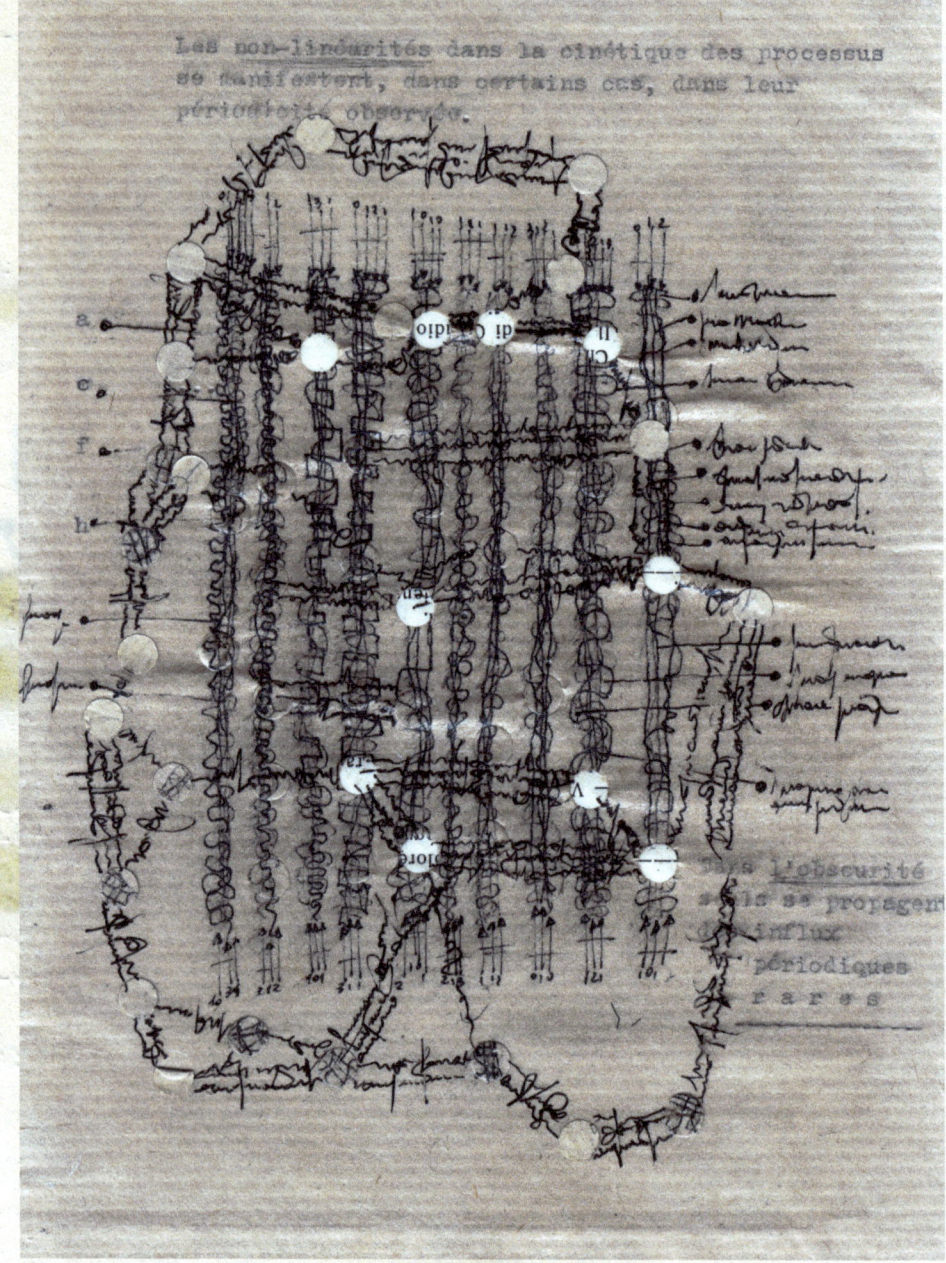

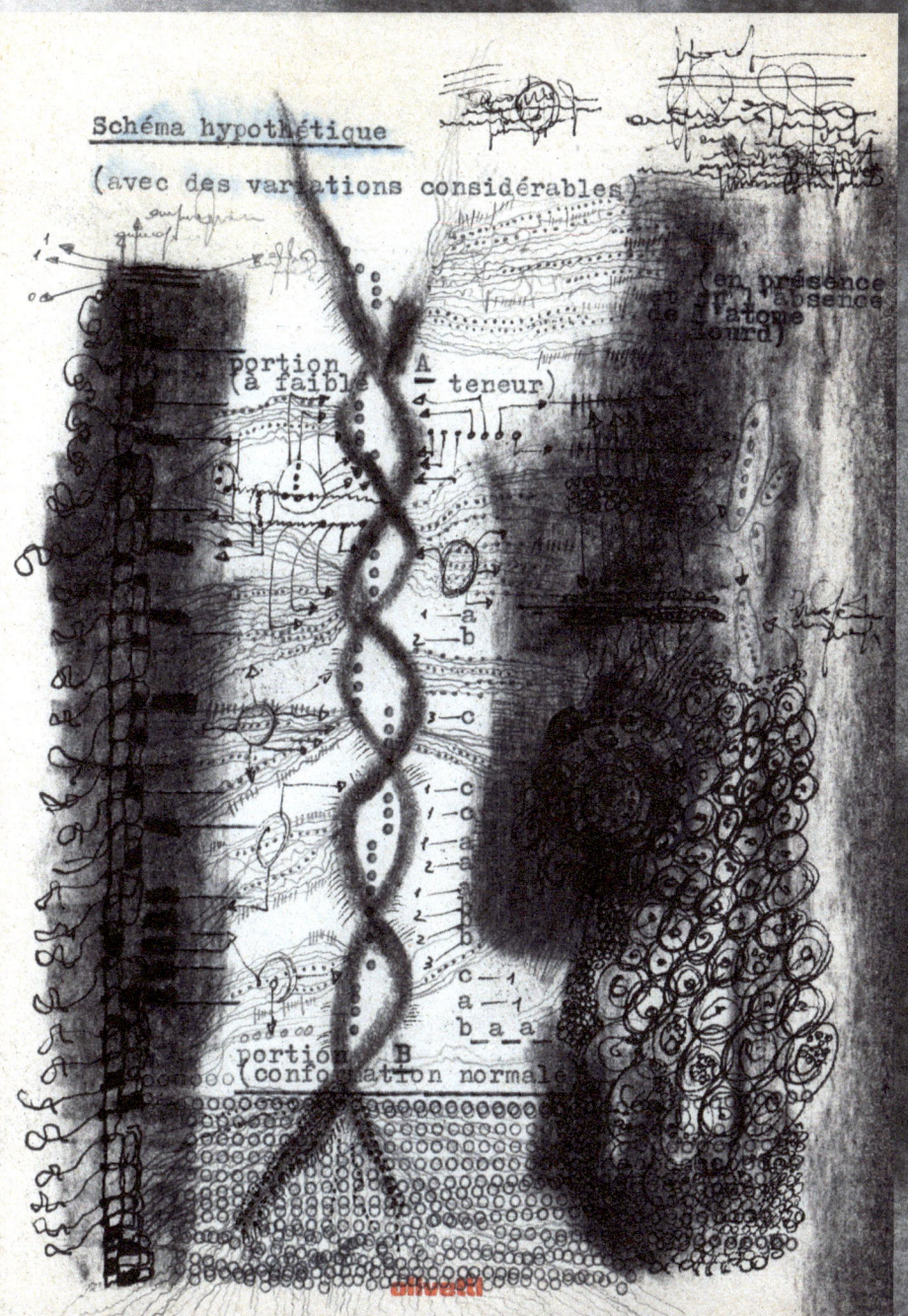

[Dès leur apparition, les mots sont abandonnés par l'écriture.]

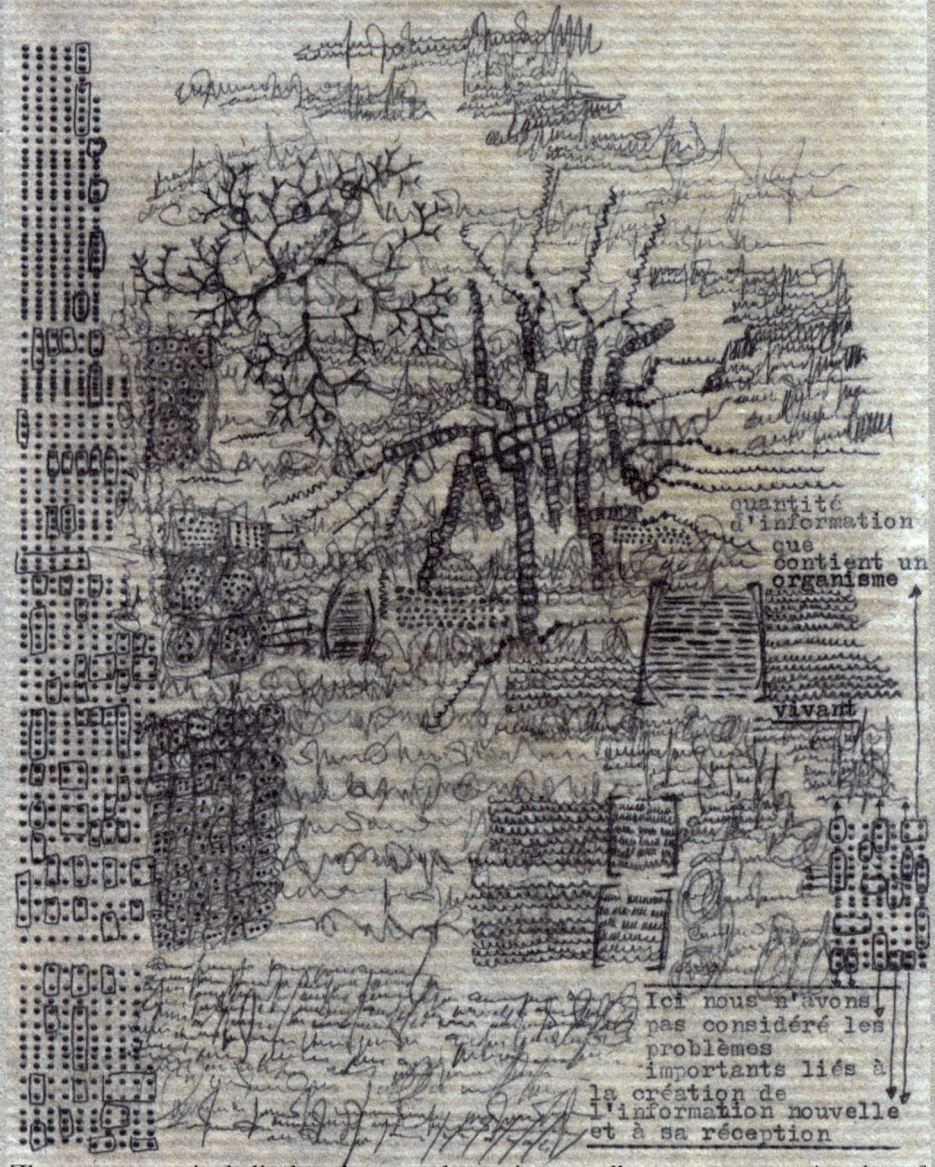

[Ils peuvent sortir de l'arbre, lorsque des petites voyelles commencent à pointer.]

Écriture apériodique #1

Écriture apériodique #2

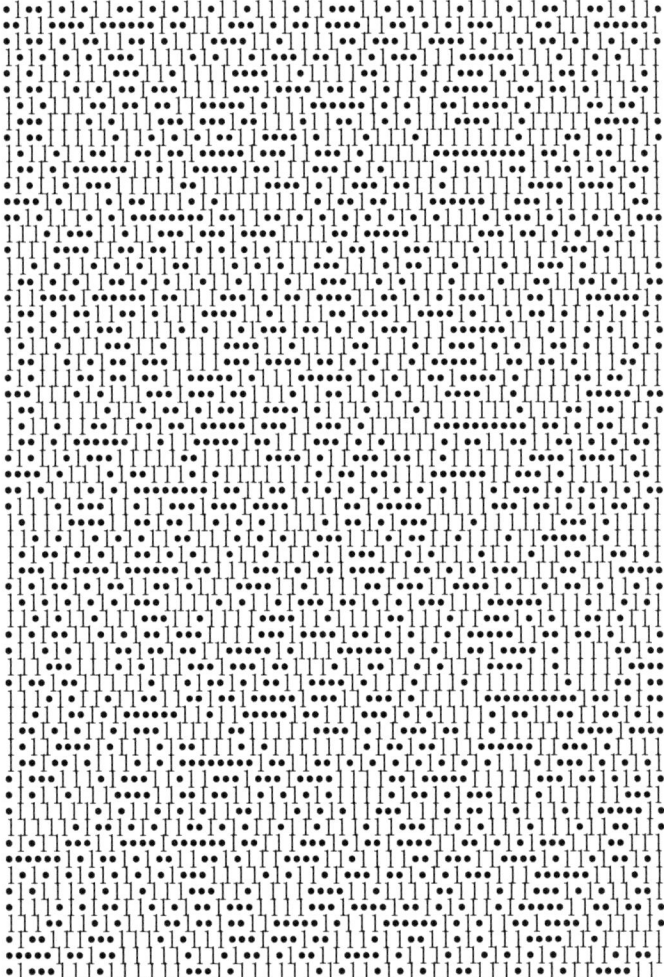

POSTFACE
(11 paragraphes typographiques)

[1] On dit souvent que les conditions pour la genèse des mots vivants et l'évolution de l'écriture sont à considérer en tant qu'une partie de l'évolution de l'univers. L'établissement d'un code a posé le problème du développement de la vie et de l'écriture. Le code asémique a un sens biophysique et moléculaire. La structure primaire d'un mot est codée génétiquement.

[2] L'écriture est une sorte d'usine. L'univers est sa première et dernière demeure. L'atmosphère contemporaine de la Terre renferme une grande quantité de molécules et de mots. On n'a pas encore la possibilité de créer expérimentalement un système d'écriture vivant, mais l'écriture est presque une qualité.

[3] Le problème principal est celui de la formation d'une structure ordonnée à partir du chaos initial : c'est le problème de la création d'information. L'apparition d'un ordre et son maintien sont possibles dans un système ouvert se trouvant loin de l'équilibre. Les critères d'adaptation sont tout à fait objectifs. Ils sont déterminés par les conditions du milieu. Il est difficile d'imaginer une auto-organisation fortuite du chaos avec déclenchement d'une évolution irréversible.

[4] Le jeu de promenade désordonnée simule le comportement intermédiaire entre le stable et l'instable. L'information créée dans la moindre cellule du corps, à force de chercher des traces, reste dans le système, soumise aux mystères du mouvement des mots.

[5] L'écriture consiste en accroissement de l'indépendance du mot par rapport à son entourage et de telle manière que

l'écrit naisse naturellement. Les mutations se produisent soit de façon spontanée, soit sous l'effet de facteurs extérieurs. On peut voir diminuer le volume de l'information disponible. Le principe fondamental peut bien être non pas celui de l'accroissement de la complexité, mais celui de l'accroissement de l'irremplaçabilité de l'information d'un mot à l'autre, dans le développement.

[6] La réception du message suppose l'étude de l'acte même de la réception en tant que processus irréversible et déséquilibré de transition du système récepteur d'un état moins stable à un état plus stable. L'espace des phases d'un système comporte des régions stables et instables, des bois avec des choses très claires en plein jour. Ces dernières sont traversées par des séparatrices. Aux régions stables correspond l'information, aux instables, l'entropie.

[7] L'univers entier, la Terre, la biosphère, l'homme dans son activité créatrice sont autant de systèmes créant de l'information et qui tournent d'une façon plus ou moins rapide. À la limite du son pur, l'écriture file entre les mots, qui sont les plus gros fragments, les feuilles de l'arbre de l'écriture. Chaque feuille signifie certainement quelque chose.

[8] La formation des espèces et des mots qui se réalise par divergence, par désir de perception nette, implique la création d'information nouvelle. C'est alors que le mot se présente face à une chose, comme une goutte d'encre face à une feuille.

[9] La question posée concerne l'étude expérimentale et théorique. L'écriture est un geste simple qui se répète mot par mot. D'abord les mots se dirigent en quelque sens. L'éclairage rend la membrane plus perméable : elle retient la matière dissoute et de nombreux blocs plus petits moins efficacement que la membrane adaptée à l'obscurité. La traduction du texte polynucléotidique des ADN et des ARNm en texte poétique

s'effectue dans des chaînes obscures polyribonucléotidiques. Le texte fait leur perfection. Il est sensible au moindre changement de l'écriture et a des effets en dehors de cette action.

[10] Dans le silence qui entoure les cellules et les mots, chaque mot est une petite chose. Il existe une analogie poussée entre le mouvement brownien d'une particule et le mouvement d'un mot. La chaîne de l'écriture est une naissance irrémédiable, une reproduction à des millions d'exemplaires par seconde.

[11] Le mot entre et sort de lui-même à l'intersection de l'écriture pour la définir. Le mot pressé de vivre est composé de sous-unités qui ne se séparent, lorsqu'on diminue la concentration en encre. Le mot est observable à l'aide d'un microscope électronique sous l'aspect de gouttes d'encre, de granules arrondis.

BIBLIOGRAPHIE
(*sommaire, presque imaginaire*)

1. Diete M., *Molecular Writing*, Academic Press, Boston, 1966.
2. Dorevskij J., *Conformations of Organic Writing*, Interscience Press, New York, 1991.
3. Eigener M, Markus W., *Accumulation des mots dans la cellule*, Éditions de l'Université, Grenoble, 1969.
4. Kholmorov V. S., *An Asemic Approach to Word and Nerve Excitation*, University Press, Liverpool, 1997.
5. Klundell L., *Words, Molecules, Movement*, Oxford University Press, Oxford, 2013.
6. Markins W., *General Biophysical Words*, Springer Verlag, Heidelberg, 2007.
7. Timasher L., Faremann W. A., *Principles of Textual Kinetics and Mechanics*, 12 Verlag, Leipzig, 2001.
8. Toré A., *Écriture endormie*, Les Presses Universitaires, Rennes, 2011.
9. Ulehnstein M., *Derniers écrits organiques*, Édition parisienne, Paris, 2019.
10. Vilé A., Volken W. B., *Strukturbildung und Prozesse*, Gau Verlag, Berlin, 1999.
11. Zalokov J., *Das Problem der Selbstorganisation*, Akademie-Verlag, Bonn, 1978.

www.ingramcontent.com/pod-product-compliance
Lightning Source LLC
Chambersburg PA
CBHW040344220526
45473CB00009B/2782